# LA GUERRE ET LE PROGRÈS

OU

## LA FÉDÉRATION UNIVERSELLE

## DES PEUPLES CIVILISÉS.

Par HIPP. CLAUZEL.

BERGERAC

Imprimerie typographique de Faisandier.

1867.

# LA GUERRE ET LE PROGRÈS

OU

## LA FÉDÉRATION UNIVERSELLE

## DES PEUPLES CIVILISÉS.

---

**Par HIPP. CLAUZEL.**

---

BERGERAC

Imprimerie typographique de Faisandier.

1867

# RRE ET LE PROGRÈS

## OU

## LA FÉDÉRATION UNIVERSELLE

## DES PEUPLES CIVILISÉS.

S'il existe une vérité incontestable, c'est celle-ci : toutes les nations arrivées à l'apogée de leur grandeur sont tombées, et leur ruine a été immense, irréparable. Pourquoi sont-elles tombées? Parce qu'elles étaient aussi à l'apogée de leurs progrès relatifs. Nous en avons pour preuve tout ce qui nous reste de leurs monuments, et le témoignage des historiens.

Maintenant, si nous jugeons par analogie, nous voyons que la civilisation de l'Europe est trop avancée, à l'heure qu'il est, pour que la catastrophe ne soit pas proche. Il faut le reconnaître toutefois, si ce danger peut être conjuré, ce sera certainement par ces trois choses qui manquaient aux anciens : l'instruction généralement répandue chez toutes les nations, la solidarité des intérêts, et l'unité des croyances prête à se faire.

Quel beau rêve, en effet, que celui-ci : tous les peuples unis par un besoin commun d'échange préparé, d'ailleurs, par la Providence, qui avait fait la différence des climats, et par conséquent la diversité des produits. En imagination, l'on a pu voir tous les marchés couverts constamment des denrées des deux pôles, comme de l'équateur; c'est-à-dire la suppression absolue des saisons.

En imagination, l'on a pu voir toutes les barrières, toutes les douanes, toutes les frontières tombées, et tous les peuples n'ayant plus qu'une langue, qu'une mesure, qu'une monnaie, qu'un code, qu'une croyance; citoyens, non d'un pays, mais du monde entier, se donner la main dans la liberté, et sous la seule sauvegarde de la civilisation.

Alors, dans le même rêve, tous ces immenses vaisseaux, dont les canons étaient convertis en socs, sillonnaient les mers, chargés des denrées des deux hémisphères, tandis qu'il en était de même des wagons sur la terre. Toutes ces immenses armées employées tour à tour à construire ou détruire des fortifications, à faire des marches et contre-marches, des exercices et des évolutions, le tout d'une stérilité absolue, étaient répandues dans les sciences, dans les arts et dans l'agriculture, où elles apportaient l'énergie de leur jeunesse, et la vigueur de leur constitution physique et morale, car elles étaient l'élite des populations.

Dans le même rêve enfin, toutes ces sommes fabuleuses employées à l'équipement, à l'habillement et à la solde des troupes de terre, comme au gréement et à l'armement des flottes, se versaient sur les villes et surtout sur les campagnes, qui, dégrevées ainsi de leurs charges, voyaient, comme par enchantement, se faire leurs routes, leurs canaux, leurs drainages, leurs arrosages. La terre ainsi transformée donnait au centuple, et l'abondance et la richesse pénétrant partout, doublaient en peu d'années la population, devenue bien plus belle et bien plus forte, régénérée par l'élément le plus sain, prélevé jusque-là pour les sacrifices du dieu des batailles.

Oh! que tout cela était beau, qu'il faisait bon vivre en esprit dans cet Eden! aussi, comme on applaudissait, chaque fois que le génie humain faisait une trouée dans les ténèbres de l'ignorance des temps passés, et refoulait d'autant la barbarie, disait-on. Comme nos pères étaient misérables à côté de nous qui avions vaincu et l'eau, et le feu et l'air, et l'espace, et qui avions saisi pour les faire servir à notre usage, les foudres du ciel jadis tant redoutées. Tout cela, docile maintenant sous notre main, comme un coursier dompté, devait servir à centupler notre bonheur. Il ne restait plus qu'une chose à désirer, mais qui serait certainement trouvée tôt ou tard, c'était une disparition presque totale des maladies et des infirmités, et une longévité proportionnée à l'état de la science et au bien-être nouveau, c'était presque une suppression de la douleur et de la mort.

Oh ! que tout cela était beau, qu'il faisait bon vivre en esprit dans cet Eden ! comme si ce n'était pas dans le sein de la mort que nous prenons naissance, ainsi que tout ce qui se meut sur cette terre ; comme si ce n'était pas à ses mamelles que tout se nourrit. Le sang coule à flots, sur la terre, dans la mer et dans l'air. Tout est en guerre pour vivre, l'insecte comme l'oiseau, le poisson comme la bête féroce ; faites que cette loi soit suspendue un instant, et tout meurt. Il faudra donc se résigner par conséquent à exister encore dans la douleur, dans les larmes et dans le sang, s'il n'est un moyen moral pour vaincre cette loi fatale de la matière. Ce moyen, Dieu l'a mis dans nos mains, mais en voyant ce qui se passe chaque jour, voudra-t-on l'employer ? J'en doute.

L'immortel Virgile fait dire à son héros désespéré de la perte de son épouse, de la ruine de sa patrie en flammes, et du massacre de tous les siens :

Rursus in arma feror mortem que miserrimus opto.

Certes, ce cri sera bientôt le cri de tous les hommes si nous en jugeons par les symptômes qui apparaissent de tous côtés. Les anciens ont cité comme un fait prodigieux, comme un acte de la plus grande folie, l'apparition de Xercès traînant à sa suite un million d'hommes qui eurent pour tombeau quelques petites plaines de la Grèce, Marathon et Platée ; que diraient-ils aujourd'hui s'ils voyaient constamment armées, même en temps de paix, les masses qui sont sur pied.

Cyrus prit Babylonne l'immense, la forte, avec une armée très-petite ; Alexandre dompta l'Asie et l'Inde avec trente mille Grecs ; les Romains conquirent le monde avec bien peu de soldats ; César vainquit partout avec une poignée de vétérans.

Que sont devenus dans les champs Cathalauniens les quatre cent mille barbares qu'Atila traînait après lui ? Que sont devenues ces immenses peuplades de

Teutons et de Cimbres que Marius détruisit à Aix? Que sont devenues ces innombrables armées de Croisés, dont la centième partie aurait suffi pour conquérir l'Orient?

Et l'on vient nous dire après cela que la victoire appartient aux gros bataillons! Certes, s'il en est ainsi, préparons-nous tous, hommes et femmes, à marcher; et pourquoi pas? Comme au Dahomai ou au Cambodje; mais nous serons encore, nous Français, des plus faibles, car notre population est moins considérable que celle de plusieurs autres Etats.

Non, aujourd'hui la victoire n'est pas aux gros bataillons, elle est à la justice; et, si pour notre malheur, cela n'est pas, elle est à la science. Au lieu de mettre sous les armes des millions d'hommes, donnez la centième partie des sommes que vous destinez à vos armées, à celui qui inventera la plus terrible machine.

Comment, dans un temps où le bois et le fer sont coupés, broyés, fondus, tordus, en un clin-d'œil, où vous disposez de l'air, du feu, de la vapeur, de l'électricité, vous croyez que le vœu de Néron (1), si vous

(1) Tout le monde sait que Néron disait qu'il voudrait que le peuple Romain n'eût qu'une tête qu'il pourrait abattre d'an seul coup.

osez le former, et si vous le payez, ne sera pas bientôt réalisé? Ah! détrompez-vous, vos millions d'hommes ne seront dans quelques heures que de la chair hâchée, et si vous survivez, vous général, vous roi, vous n'aurez plus qu'à crier, fou de désespoir, Varus, rends-moi mes légions! Elles seront là, couchées dans la poussière, et vos lamentations n'auront pas la puissance de la trompette de l'archange pour les réveiller!

Jadis la reine des Scythes mit dans un sac de sang la tête de Cyrus, en lui disant : « Rassasie-toi de ce liquide dont tu as eu tant de soif pendant ta vie! » et cependant, cette reine et son peuple passaient pour des barbares! Que le progrès les réhabilite, s'il le peut, tout est sauvé!

Un allemand, un certain Stuve, répondant à la menace de nos petits canons soigneusement voilés, qui avaient eux-mêmes répondu à la menace des fusils à aiguille, cet allemand, dis-je, nous a appris qu'il avait vu en Amérique un engin qui lançait les boulets à jets continus comme l'eau d'une pompe à incendie. Cet engin pourtant fut écarté comme trop meurtrier dans une guerre fratricide. Le général qui fit cela, devrait recevoir une couronne d'or de la main des peuples! mais il serait cassé et puni en

Europe, car évidemment cet engin valait mieux que les aiguilles des Prussiens et que nos Chassepot.

L'on trouve encore des gens assez candides pour s'imaginer que, plus les moyens de destruction seront terribles, plus les guerres disparaîtront; qu'ils méditent l'histoire des temps passés comme des temps modernes, et leur illusion se dissipera. Les premiers hommes se sont détruits, il est fort à craindre que les derniers en feront autant.

Qui nous sauvera donc de nouvelles catastrophes? Si ce vœu peut être accompli, ce sera la fédération des peuples par le progrès, produisant l'unité dans les intérêts, comme dans les lumières, comme dans les croyances.

Il existe à l'heure qu'il est, parmi les nations, comme un fluide presque encore à l'état latent qui les agite, mais qu'elles ne comprennent pas; ce fluide, c'est le désir de l'unité et de la fraternité, devant se traduire par la destruction de toute frontière et par une paix universelle, car c'est la fille d'une civilisation vieille, il est vrai, de dix-huit siècles, mais arrivée seulement à l'état de puberté. Qui dira tout ce qu'elle fera de grand quand elle sera parvenue à l'âge mûr! Notre génération ne le saura jamais, tout ce qui lui importe aujourd'hui, c'est de ne pas s'opposer intempestivement à son entrée dans le monde. Ses premiers vagissements sont nos faibles essais de libre échange; ses premiers jouets sont les merveilles que nous voyons à l'Exposition; ses premiers cris sont ceux des nationalités. En les entendant, l'Italie a tressailli, et sans efforts elle s'est unifiée, ainsi que l'Allemagne, vaincue bien plutôt par ses propres idées que par le roi de Prusse, auquel elle se soumet quoiqu'il ne remplisse pas encore le but de ses aspirations. Il en est de même de la Russie, dont la plus grande force est aujourd'hui dans le panslavisme.

Qu'est-ce à dire ? Que tout cela soit bien, que tout cela soit bon. Loin de nous cette pensée. Nous l'avons vu, ce ne sont encore que des enfants qui se trompent en choisissant leurs mets.

Quoi qu'il en soit, nous constatons des faits certainement d'une importance incalculable. Et qui s'opposera à leur développement, qui y mettra une barrière ? Sera-ce les regrets et les lamentations de M. Thiers et de ceux qui déplorent avec lui la destruction des anciennes divisions? Nous ne le pensons pas. Ces événements ont surgi non par la faute de quelqu'un, comme on l'a prétendu, bien à tort certainement, sachons le reconnaître, mais parce

que l'heure était venue, et le pouvoir n'a été donné
à personne ni de les prévenir ni de les enrayer.

Mais la pondération! mais l'équilibre européen!
dans tout cela que deviennent-ils? Avec ce système
pourtant, la Restauration a pu faire avec 250, Louis-
Philippe avec 400, Napoléon III avec 600,000 hommes. Aujourd'hui que l'agglomération des petits Etats
est un fait accompli, et qu'ils représentent naturellement des forces bien plus grandes, en vertu du
même principe, l'on vient nous demander 800,000
hommes de troupes, et une garde nationale plus ou
moins mobile, c'est-à-dire presque toute la population valide de la France transformée en un camp.

Pourquoi s'étonner et se plaindre de ce phéno-
mène? Il est tout naturel : car fallait-il que la France
se résignât à descendre au niveau des nations secon-
daires? nul ne le veut assurément. Armons donc
d'une manière formidable, et faisons, s'il le faut, une
guerre effroyable! Dieu nous garde d'un pareil malheur, car il existe selon moi une autre solution.

L'expérience fera bientôt voir aux peuples qu'ils
se sont trompés, que leurs aspirations doivent se
tourner vers la fédération et non point vers les nationalités, peu profitables au fond, et très-dangereu-
ses à cause des rivalités de races que le despotisme

peut exploiter. Qu'ont à gagner, en effet, dans l'an-
nexion, toutes les petites principautés d'Allemagne,
et d'Italie, naguère si paisibles, si prospères, si
exemptes de charges ; on a fait miroiter à leurs yeux
le prisme de la puissance de l'agglomération, et, trom-
pées par l'apparence, elles sont entrées dans le filet ;
mais le dégrisement une fois arrivé, elles regrette-
ront amèrement leur état primitif.

Une seule reste debout encore, c'est Rome, que
l'on convoite avec une ineptie dont la persévérance
étonne et fait désespérer du bons sens des Italiens ;
car, indépendamment de la perturbation religieuse
dont on peut à peine mesurer la portée et les consé-
quences, que feront-ils de cette proie ? une capitale !
Mais c'est le plus mauvais de tous les points straté-
giques. Une capitale ! pour abriter quoi ? alors, la
splendeur sans doute de leur génie, la gloire de
leurs armes et l'éclat des merveilles qu'ils enfantent
chaque jour dans les arts et dans les sciences. Vai-
nement on chercherait une autre raison plausible,
car Rome a été et ne peut être jusqu'à la fin que la
reine de l'univers ; jadis matériellement, aujourd'hui
moralement. Pauvres pygmées ! elle les écraserait
sous ses souvenirs et sous ses monuments, et les
ombres des Romulus, des Scipion, des Auguste et

des Cicéron, leur demanderaient, ainsi que celles des Charlemagne, des Léon X et des Michel-Ange, ce qu'ils sont venus faire là !

Ils sont venus, je vais vous le dire, au nom de toutes les sectes, de toutes les divisions, de toutes les fluctuations de doctrines au milieu desquelles nagent encore dans l'incertitude, dernier reste des ténèbres du temps passé, beaucoup d'individus et de nations chrétiennes. Ils sont venus, se trompant de but, vers le grand centre de l'unité morale, pour éteindre une lumière qui fatigue leurs yeux et contredit leurs idées divergentes. Mais que cette lumière vienne à briller d'un plus vif éclat, que Pie IX fasse un appel à toute la chrétienté, que dans le sein de son Concile œcuménique soient reçus de tous les points du globe tous ceux qui se rattachent par quelque chose à la doctrine du Christ, reconnue par eux comme la seule véritable, la seule conforme à la raison, à la science, à la justice, au progrès, à la concorde et au bonheur des peuples ; que chacun y expose au grand jour sa doctrine, et, nous en avons la conviction, tous les malentendus, toutes les préventions, et partant toutes les haines se dissiperont, en même temps que sera faite l'union de tous les cultes, avec un seul pasteur et un seul troupeau. Voilà ce qui est digne de notre époque de lumière, de civilisation et de tendance de tous les peuples vers l'universelle fraternité, vers l'universelle unité.

Ce n'est pas tout, car jamais le monde n'a vu se dresser devant lui à la fois autant de questions menaçantes et en apparence insolubles.

Personne ne contestera que la plus grande anomalie de notre temps soit que l'on tolère que des barbares comme les Turcs dominent encore sous un joug non-seulement abruti et ignoble, mais féroce et sanguinaire, des chrétiens en Orient.

En passant, honneur à ces héros, dignes fils et dignes filles de Léonidas ! mieux vaut pour eux la mort que l'esclavage, c'est ce qu'ils disent en se faisant sauter en l'air, ou en se précipitant dans les abîmes.

Leur sang criera-t-il longtemps vengeance ? Nous ne le pensons pas ; mais ici se présente une difficulté insurmontable, dit-on : Si vous chassez les Turcs, qui mettrez-vous à Constantinople ? Déjà pour que cette ville ne fût pas occupée par la Russie, nous avons eu la guerre de Crimée, c'est bien quelque chose ; pour en éviter une seconde édition, civilisons les Turcs, ou du moins obtenons d'eux des concessions suffisantes à l'égard des chrétiens. C'est bien vous faites signer au Sultan des traités avantageux, mais par qui et comment les fera-t-il exécuter? Naturellement, par ses sujets musulmans, pour qui tout chrétien est un giaour, c'est-à-dire un chien, que Mahomet recommande de tuer comme la meilleure des bonnes œuvres, et ils ne s'en font faute, et d'une manière atroce toutes les fois qu'ils le peuvent, comme naguère dans le Liban et aujourd'hui à Candie. Pour faire exécuter les traités, il faudrait avant tout supprimer le Coran, qui proscrit toute instruction; car, écoutez ce que disait Omar en chauffant ses bains avec les livres si regrettables de l'ancienne bibliothèque des Ptolémée, chose qui, nous séparant par une lacune de l'ancien monde, a retardé au moins de mille ans les progrès de l'esprit humain, il disait : Si l'enseignement de ces livres est semblable à celui du Coran, ils sont inutiles; s'il est contraire, il faut les brûler; et il ne s'en fit faute.

Aujourd'hui les Turcs sont ce qu'ils étaient du temps d'Omar; ils n'ont pas fait un pas, et quand le monde durerait des millions d'années, ils n'en feraient pas un. Voilà pourtant les hommes que vous prétendez civiliser; vraiment, dans leur ignorance sont-ils plus absurdes que vous!

Mais vous avez une autre pensée, ou du moins une

autre espérance; vous voulez étayer, par tous les moyens possibles, leur empire qui s'écroule, afin de renvoyer à plus tard des complications qui vous glacent d'effroi, et vous avez raison, car, si comme vous le prévoyez et comme cela sera, certainement, tous les peuples du globe doivent courir à la curée avec toutes leurs forces et tous leurs engins destructeurs, ils vont réaliser sans y penser cette fameuse prophétie de l'Apocalypse des quatre anges liés sur l'Euphrate, qui représentaient sans doute les quatre parties du monde, et qui étaient prêts pour l'année, le jour et l'heure où ils devaient faire périr la troisième partie des hommes sur la terre. Les soldats de leurs armées, car j'en ouï dire le nombre, dit St-Jean, s'élevaient à 200 millions, et les chevaux en avaient jusqu'aux mors dans le sang.

Ce n'est pas, sans doute, ce que vous voulez? je le crois bien! et pourtant vous y courez par votre système; prenez donc une autre voie; tandis que le malade vit encore, pour me servir de l'expression célèbre de l'empereur Nicolas, tâchez de vous mettre d'accord pour le partage, s'il se peut; mais il est à peu-près impossible, à cause de Constantinople qui tient les clefs du Bosphore, faites un empire grec, qui aura son siége dans cette ville, comme ce lui qui existait il y a 300 ans. Ce que j'ai dit plus haut au sujet de la réunion des églises étant réalisé, ou sur le point d'être accompli, je l'espère du moins, vous n'aurez plus rien à redouter des sectateurs de Photius, et vos craintes au sujet de la Russie seront évanouies.

Hâtez-vous seulement, déjà il est plus que temps, car dans tout l'Orient le sol tremble, vous le voyez.

Il n'y a pas d'autre solution possible ; ce n'est pas moi qui vous le dis, c'est le bon sens ; voulez-vous le laisser sans l'écouter, comme ce vieillard dont parle l'historien Josèphe, qui cria longtemps sur les murs de Jérusalem : Malheur ! malheur ! malheur ! jusqu'à ce qu'une pierre énorme lancée par une machine vint l'emporter ? Mais cette pierre nous emportera aussi, et nous n'aurons plus qu'à dire comme lui, malheur à nous !

Voilà pour deux difficultés ; voyons les autres, car elles pullulent à l'intérieur des Etats comme à l'extérieur.

### QUESTION INTÉRIEURE.

Que demande le peuple? il veut l'égalité, la liberté et le bien-être physique et moral, qui se traduit par la vie à bon marché et par l'éducation répandue autant que possible et accessible à tous.

Toutes ces choses sont de la plus rigoureuse justice, et il ne s'agit plus que de savoir jusqu'à quel point elles peuvent être réalisées. Tout le monde est d'accord là-dessus, le gouvernement tout le premier, car pour être juste, sachons le reconnaître, il a fait dans ce sens les plus grands efforts ; ainsi pour l'égalité, dans notre pays elle existe déjà à peu près dans toute sa plénitude ; car, quel est l'ouvrier, aussi humble qu'il soit, dans les villes comme dans les campagnes, qui peut dire qu'un jour son fils ne sera pas ou premier ministre ou maréchal de France, pourvu qu'il ait et les capacités nécessaires et les chances favorables.

Quant à la liberté concentrée dans toute sa plénitude dans la presse, ici se présentent deux courants d'opinions ; les uns veulent que la nation soit mûre pour la supporter tout entière, car le mal serait combattu par le bien, tout alors se faisant au grand jour ; d'autres soutiennent, au contraire, que les lumières n'ayant pas assez pénétré dans les masses, elles seraient encore incapables d'un discernement certain. Dans cette idée, les uns et les autres font tous leurs efforts pour multiplier les écoles tant d'enfants que d'adultes, en ayant soin que tous, aussi pauvres qu'ils soient, puissent y assister.

Tous sont donc d'accord pour le principe, et ce n'est plus qu'une affaire de temps ; quant à moi, je ferai voir plus bas qu'il est déjà venu.

Arrivons à la plus grande aspiration qui est aussi la plus difficile à satisfaire dans tous les temps : la vie à bon marché. Ce problème, nul ne le contestera, ne peut être résolu à la satisfaction de tous que par l'abondance, qui permettra au producteur, tout en trouvant une juste rémunération de son travail, de donner ses denrées à bas prix. Eh bien ! cette abondance je vous la promets, après Dieu qui dispose des intempéries, je vous la promets, dis-je, telle qu'aucun pays du monde ne l'a connue jamais, telle qu'aucun être pensant ne l'a vue dans ses rêves. La France, je l'affirme, en ma qualité d'agriculteur pratique, pourrait loger, chauffer, vêtir et nourrir, et cela très-confortablement, trois fois plus d'habitants. Que faut-il faire pour cela ? nous le verrons bientôt.

### QUESTION EXTÉRIEURE.

Nous avons dit qu'il y avait dans l'air comme un désir d'unité, de concorde, de fraternité, qui fermentait chez toutes le nations, pour en venir à sa véritable mission, qui est la fédération universelle des peuples, devant vivre un jour à l'abri des guerres, derniers restes des temps de barbarie, et au milieu d'une prospérité et d'un bien-être immense amené sur la terre par le concours de toutes les forces physiques et morales, dont aucune ne serait plus distraite de son but. Nous avons dit que ce désir, nouveau-né de la civilisation apportée sur la terre, il y a dix-huit siècles, n'avait encore aspiré dans sa timidité et dans son inexpérience qu'aux nationalités. Nous avons vu comment ce vœu, qui renversait tant de barrières, tant de trônes, tant de frontières, et qui détruisait de fond en comble l'ancien équilibre européen, maintenu depuis des siècles par le machiavélisme et par d'énormes sacrifices et d'hommes et d'argent, avait frappé de stupeur et cloué à leur place, par son étrangeté et sa foudroyante rapidité, les politiques les plus habiles et les puissances les plus hostiles.

Maintenant, hommes politiques, hommes habiles, que ferez-vous au milieu de ces ruines, quel débris assez sain en retirerez-vous pour essayer de reconstruire quelque chose qui ressemble au vieil édifice sous lequel vous abritiez dans votre pensée les destinées du monde? Je dis dans votre pensée, car il n'a jamais mis un seul jour l'Europe à couvert des commotions et des guerres; on peut même affirmer, l'histoire à la main, qu'elles n'ont eu lieu presque toujours, que sous le vain prétexte de le rétablir ou de le consolider.

Ah ! laissez-là, je vous en conjure, cette vieille défroque des temps passés, essuyez vos larmes à son sujet, ou remettez vos armes dans leur fourreau! L'aurore d'un jour nouveau vous inonde de sa clarté; jetez les yeux sur cette Exposition où sont étalées des merveilles comme n'en vit jamais ni Salomon dans sa gloire, ni César Auguste dans sa puissance, ni Abdérame dans l'Alambra! Que sont venus faire, des contrées les plus reculées du globe, ces hommes de toutes couleurs, parlant toutes les langues, portant tous les costumes ? Ils sont venus vous saluer, vous Français, comme les princes de la civilisation, en vous apportant, pour les soumettre à votre jugement, tous les essais de leur génie naissant. Ils sont venus pour recevoir de vous une étincelle de cette lumière dont Paris est le centre et qui rayonne jusque sur les pôles. Dans leur admiration, ils s'efforceront de vous imiter en tout, dans votre costume, dans vos usages, dans vos mœurs, et surtout dans vos idées. Moralement vous êtes les maîtres de l'univers; quelle grandeur ! sachez en profiter et comprendre que, là, et non ailleurs, est votre puissance. Sous votre sceptre nouveau, vous le voyez vous-mêmes, déjà tous les rois de la terre ont courbé leur front. Dictez donc des lois, votre position vous l'ordonne, mais qu'elles soient à la hauteur de votre mission ; on les attend de vous, et, soyez-en sûrs, on les suivra.

Maintenant, je ne peux me défendre d'un sentiment de profonde tristesse, en envisageant la petitesse d'un homme chargé d'une mission qui doit régénérer le monde et dans ses idées et dans ses actes. Faut-il me taire pourtant? Pas plus que Jeanne d'Arc, pas plus que Christophe Colomb, je ne le peux, je ne le dois ; et dussent mes paroles rester sans effet, comme celles de l'ancienne Cassandre, je dirai tout ; certain comme elle d'assister aux catastrophes que je n'aurai pu prévenir. Suis-je donc un prophète ? Eh mon Dieu, point du tout ! Il me semble que ce n'est pas moi qui parle, mais le bon sens le plus vulgaire. Puisse la génération présente avoir des yeux pour voir et des oreilles pour entendre !

Quos vult perdere Jupiter dementat.

Alors les fous sont les sages, et les sages les fous. Quoi qu'il en puisse être, ces lois, les voici :

Au nom de la France entière, consultée par un plébiscite sur tous les articles suivants, faites un manifeste solennel que vous adresserez à toute l'Europe, en lui disant :

1° Que la France satisfaite de ce qu'elle possède renonce à tout jamais à réclamer un pouce de territoire à ses voisins.

2° Qu'elle entend rester complètement étrangère à tout ce que feront les autres nations, même pour s'agrandir, ce qui veut dire que toute guerre possible soutenue par elle, ne sera jamais qu'une guerre d'invasion et par conséquent injuste ; ce qui veut dire encore que, l'ennemi repoussé, elle s'arrêterait sur ses frontières.

3° Que, tranquille et fière dans sa force morale et matérielle, elle se croit au-dessus de toute insulte, et qu'elle se contentera de les soumettre désormais au tribunal des nations qui aura à les juger moralement.

4° Qu'elle propose à cet effet, ainsi que pour juger tout différend quelconque entre les peuples, une assemblée permanente d'hommes éclairés et probes, dont la mission sera semblable à celle des anciens amphictyons des Grecs.

5° Que la sanction de ce tribunal auguste sera, non dans la guerre en cas d'insoumission, mais dans la peine d'être mis au ban des nations, ce qui voudra dire d'être privé de toute communication, comme des pestiférés.

6° Que, dans cette idée, elle réduit à cent mille hommes, et plus bas encore, s'il est possible, le nombre de ses troupes destinées uniquement à maintenir le bon ordre à l'intérieur, et qu'elle désarme tous ses vaisseaux et les convertit en navires marchands.

Voilà pour l'extérieur; voyons pour l'intérieur. Dans le même plébiscite, il y aurait :

1° Qu'au cas d'invasion, seule guerre possible, tout Français sans exception est tenu de marcher aux frontières.

2° Que tout moyen de transport est mis en pareil cas sans conteste en réquisition.

3° Que l'ennemi une fois repoussé hors des frontières, qui ne seront jamais dépassées, chacun rentrera chez lui pour vaquer comme avant à ses affaires.

4° Que le chiffre de l'impôt où la déclaration de fortune de chaque individu, déclaration qui pourrait être vérifiée et punie si elle était fausse, doit servir pour savoir si l'Etat est tenu de donner l'équipement et la nourriture, ou simplement l'un ou l'autre, ou si c'est le soldat devant, outre cela, si ses moyens sont reconnus suffisants, fournir un ou plusieurs chevaux.

5° Que dans l'armée conservée, tous les officiers garderont leurs grades comme dans le passé.

6° Que dans l'armée réformée, tous les officiers conserveront titulairement leurs grades remplacés par des positions civiles équivalentes jusqu'à extinction.

7° Enfin, que dans l'armée improvisée tous les grades seront soumis à l'élection, et supprimés de droit après la campagne.

Faites voter la France entière sur ce plébiscite, et, je vous l'affirme, vous aurez plus de huit millions de voix.

Déclarez aux nations qu'il est désormais la règle unique de vos désirs et de vos actes, et elles applaudiront avec enthousiasme.

Des difficultés inextricables vous entourent comme d'un vaste filet; l'Europe s'y débat ainsi que vous, et dans ceux qui critiquent ou qui applaudissent, personne n'a trouvé le moyen d'en sortir, car il n'existe pas dans les errements du passé.

Au nom du bon sens le plus vulgaire, ce moyen, je vous l'offre, mais il est radical, sachez ne pas reculer devant lui, ce sera pour vous un trait de génie, et pour tous, le salut.

Jadis l'oracle de Delphe avait promis l'empire du

monde à celui qui délierait le nœud gordien ; Alexandre vainquit la difficulté en le tranchant d'un coup de sabre. Aujourd'hui, le même symbole vous l'avez devant vous, mais gardez-vous de tenter le même moyen ; loin de réussir, vous précipiteriez tout dans le chaos, et Dieu seul sait quand et comment il en sortirait, car l'empire promis n'est plus celui de la force, c'est celui de l'intelligence et du progrès.

Cet empire, en voulez-vous un aperçu ? Si d'après mon système, vous concentrez à l'intérieur toutes les forces vives de la nation, c'est-à-dire tout son argent, tous ses hommes et tout son génie, je vous l'ai dit, vous verrez avant peu des merveilles comme jamais on n'en rêva. Des villes splendides, des campagnes couvertes de moissons magnifiques et de pampres chargés de fruits, des troupeaux immenses paissant dans de gras pâturages, arrosés par des canaux, des barrages et des machines de toute espèce. Vous verrez toutes vos routes et vos chemins de fer achevés et encombrés par une population nombreuse, forte, bien nourrie, bien vêtue, et portant la joie et le bonheur empreints sur le visage.

Vous aurez assez de places dans l'agriculture, dans le commerce développé par le libre échange, dans l'industrie et dans les travaux publics pour satisfaire tous les désirs, toutes les ambitions.

Vous aurez assez d'économies pour prendre à votre charge tous les chemins quelconques en supprimant toutes les prestations remplaçant les corvées, et assez de fonds pour faire disparaître une foule de petits impôts, tels que les octrois, les patentes sur les ouvriers et les droits de chasse qui, sans être très-productifs, fatiguent les populations.

Vous aurez pour vous venir en aide les capitaux rassurés, et si vous demandez des milliards, dans vingt-quatre heures vous les aurez.

Enfin, pour couronner l'œuvre, libre de toute crainte, lâchez la bride à toutes les libertés, à la presse surtout.

Ah! si alors il vous prenait envie de contempler votre ouvrage en traversant la France, il n'y aurait pas assez de verdure, pas assez de fleurs pour vos arcs-de-triomphe et vos couronnes, et des millions de bras s'élèveraient pour vous porter en vous élevant sur le pavois !

C'est beau, sans doute, direz-vous, mais l'extérieur et ses dangers ? Soyez sans crainte, sans armée et sans flotte vous serez cent fois plus fort, car vous aurez pour vous l'exemple. Croyez-vous que votre prospérité passera inaperçue ? Et les rois de la terre voulussent-ils vous attaquer, chose inadmissible puisque vous seriez inoffensif, les peuples s'y opposeraient en réclamant pour eux ce que vous auriez fait pour nous. Alors tout serait aplani, l'unité accomplie.

Au surplus, en prenant tout au pire, qu'auriez-vous à redouter avec vos soldats improvisés, combattant pour leurs demeures et pour leur liberté. Songez aux compagnons de Spartacus qui firent trembler dans sa force l'antique Rome; et sans aller si loin, songez aux premiers volontaires de la Révolution, à ceux qui franchirent le mont St-Bernard, et aux pâtres de la Vendée, surnommés les géants, tous presque sans armes, sans vêtements, sans provisions, sans instruction militaire, furent des héros que peu d'autres ont égalé.

Voilà *le couronnement de l'édifice,* la réalisation du mot: l'*Empire, c'est la paix*, la raison d'être des splendeurs de l'Exposition, et le triomphe du progrès! Sans cela, qu'il n'en soit plus question. Vous aurez eu de belles idées, car vous les avez ces idées, on l'a cru, du moins, mais vous n'aurez pas osé les appliquer dans leur radicalisme, et malgré les heures qui marchent d'une manière solennelle pour vous avertir, vous vous serez laissé entraîner par une réaction, bien intentionnée certainement, mais craintive de tout ce qui est nouveau, vers les errements d'un temps qui n'est plus. Comme Moïse, vous aurez vu de loin la terre promise, mais il ne vous sera pas donné d'y entrer ! Et nous, en rêvant l'âge d'or fabuleux des anciens, en dehors des seules choses qui pourraient y conduire, s'il était possible, sur cette terre, nous serons tombés, non dans l'âge de fer, il est passé, mais dans l'âge de feu et de sang ! C'est triste, mais c'est logique.


## CONCLUSION.


L'on aura beau dire aux rois et aux peuples, nous voulons la paix ; l'on aura beau désarmer ses armées et ses flottes ; il restera toujours de la défiance à l'intérieur comme à l'extérieur. Il faut à ces grandes mesures une sanction plus haute et elle n'existe que dans un plébiscite.

Le progrès matériel sans progrès moral ne servira qu'à faire des machines plus terribles de destruction ; mais le progrès moral est lui-même une chimère s'il n'a pour sanction une croyance en dehors de ce monde; c'est ce qu'ont pensé tous les législateurs, Moïse, Numa, Confucius, Zoroastre, Brahma et Mahomet lui-même; c'est ce que pense encore, jusque dans les hordes sauvages, tout homme qui réfléchit.

Toute tentative pour détruire cette croyance est donc un attentat contre le progrès, et un retour vers la barbarie et les guerres; le congrès de Genève en fournit un exemple : pour n'avoir pas compris cette vérité, il est tombé dans l'absurde le plus outré et a soufflé la discorde en prônant la concorde.

Avant tout, qu'on se mette d'accord, s'il est possible, pour une croyance unique, et cela par la persuasion et non par la violence, ou nous reculons au moins de trois cents ans. Alors qu'il ne soit plus question de civilisation, de progrès et de la paix surtout, qui ne viendra jamais que par l'unité dans les intérêts, comme dans les lumières, comme dans les croyances.

Sommes-nous au temps de l'invasion d'Attila ou des Normands? Avons-nous à nos portes les barbares? On le dirait. Qui songe à nous annexer, ou seulement à modifier quoi que ce soit à nos usages, à nos mœurs ou à notre territoire? Laissez donc vos voisins faire chez eux tout ce qu'ils voudront; pour les en empêcher, vous auriez non-seulement une guerre injuste, mais absurde, car vous la feriez pour ne pas la faire.

Encore une fois, donnez à l'Europe le spectacle d'une nation libre et éminemment prospère, et non celui d'un peuple transformé en matamore, et l'on vous imitera, et, comme vous, on désarmera.